Agata Majdzik
Zdziwiona wrona i inne wiersze

Ilustrowała: Natalia Tomaszewska-Szalc

Wydawnictwo OVO
Wrocław 2012

Zdziwiona wrona

W śniegu ostrym, mroźnym, zimnym
Bałwan nie chce być kimś innym.
Stoi dumnie na polanie,
Piękne przy tym ma ubranie:
Ciepły szalik, rękawiczki
I sweterek na guziczki.
Marchewkowy jego nosek
W słońcu lśni jak zboża kłosek.
Jego koleżanka wrona
Bardzo była zadziwiona,
Że na śniegu tak wciąż stoi
I że mrozu się nie boi.
„Hej, bałwanie, czy przypadkiem
Nie polecieć po herbatkę?
Dookoła taki ziąb...
Może wrzucisz coś na ząb?

Ciepłą zupę Ci przyniosę,
Potem Cię okryję kocem."
Nie chcąc urazić ptaszyska,
na ofertę bałwan przystał,
Choć bałwany, dobrze wiecie,
lubią, gdy zimno na świecie.
Po kuracji Pani Wrony
Bałwan był już roztopiony...
Oburzona odleciała
I markotnie wykrakała:
„Gorszych w całym świecie
Od bałwanów nie znajdziecie!
Taki wypije herbatkę
i ulotni się ukradkiem."

3

List do Świętego Mikołaja

Kochany Święty Mikołaju!
Ty to ze mną masz jak w raju.
Co rok o tej samej porze
Proszę o drobiazgi w pokorze:

O zamek dmuchany do skakania,
O rolki, rowerek i sanki do zjeżdżania,
O różową papugę, co śpiewa,
A jak się ją zmoczy, to skrzeczy jak mewa.

O samolot, co samemu się nim kieruje,
A jak spada, to się nie psuje.
Ostatnio prosiłam Cię o wilczura,
Przecież nie o egzotycznego kangura!

Byłam grzeczna przez rok cały.
A co niebiosa w prezencie mi dały?
Siostrzyczkę malusią,
Co śpi ciągle z mamusią.

Za taki prezent to ja dziękuję.
Lepsze sobie pokupuję!
A Tobie życzę Wesołych Świąt,
Najlepiej gdzieś daleko stąd!

4

Czary Mary

Hen, daleko, w pewnym lesie
Piosnka się wesoła niesie.

Elfy radośnie śpiewają,
Że gotowe wszystko mają!

Zabaweczki, gry i lale
Wyszły dzisiaj im wspaniale,
A koniki, samochody
Pierwszorzędnej są urody.

Warsztat właśnie zamykają
I na narty się udają.
Ale halo! Co się dzieje?
Zamiast śniegu deszczyk leje!

W stajni nie ma reniferów,
Za to jest ze sto rowerów.
To są chyba jakieś jaja!
Nie ma także Mikołaja!

Może schował się w stodole
Albo w domu jest przy stole?
Pewnie sanie swe pakuje,
Spodnie może gdzieś prasuje?

Coś tam chowa się w ogrodzie,
O przedziwnej wręcz urodzie...
Ktoś zamienił nam Świętego
W krasnala ogrodowego!

Elfy narty odwołały
I do pracy się zabrały.
Trzeba dziś odwrócić czary,
By odeszły złe koszmary.

Ale co to za zaklęcie?
I jak sprawić jego zdjęcie?
Musisz mocno wierzyć w Święta,
O ich mocy wciąż pamiętać!

I o świętym Mikołaju,
Prawdziwości jego czaru.
Gdy się o tym nie pamięta,
Mogą całkiem zniknąć Święta!

Kiedy dzieci smacznie spały,
Elfy do snu im szeptały.
Gdy się tylko obudziły,
Święta wszystkim przywróciły
Swoją wiarą i radością
I nieszczęsną karpia ością!

Spostrzeżenia psiego lenia

Biegnie tata po prezenty,
Cały tydzień był zajęty,
Mama piecze, sprząta, smaży,
Jeszcze chwila, się oparzy.
Babcia chodzi, ciągle gada,
Dziadek krzesła nowe składa,
Wujek z ciocią wyjechali,
Przed Świętami się schowali,
Kuzyn w stresie
W ciemnym lesie.
A bratowa? Okna myje znów, od nowa,
Bo się zjawił jeden taki,
Co w swych rączkach miał pisaki.
Tylko pies ich obserwuje
I przemowę swą szykuje:
„Oj, kochani, ludzie złoci,
Czemu każdy tak się poci?
Czy już nikt z was nie pamięta,
Na czym polegają Święta?"

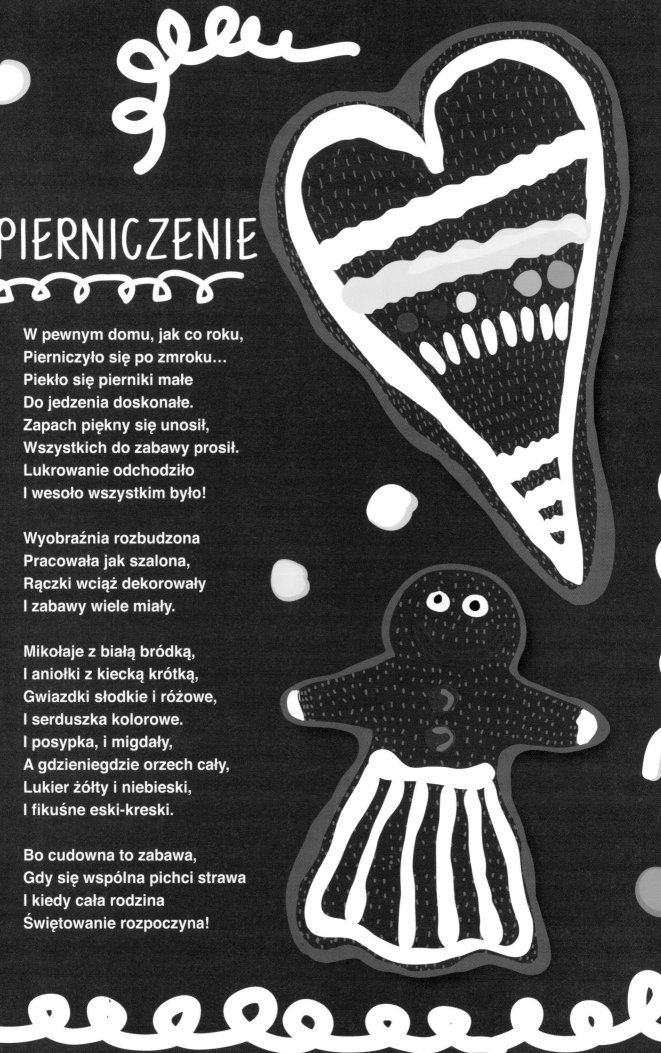

PIERNICZENIE

W pewnym domu, jak co roku,
Pierniczyło się po zmroku…
Piekło się pierniki małe
Do jedzenia doskonałe.
Zapach piękny się unosił,
Wszystkich do zabawy prosił.
Lukrowanie odchodziło
I wesoło wszystkim było!

Wyobraźnia rozbudzona
Pracowała jak szalona,
Rączki wciąż dekorowały
I zabawy wiele miały.

Mikołaje z białą bródką,
I aniołki z kiecką krótką,
Gwiazdki słodkie i różowe,
I serduszka kolorowe.
I posypka, i migdały,
A gdzieniegdzie orzech cały,
Lukier żółty i niebieski,
I fikuśne eski-kreski.

Bo cudowna to zabawa,
Gdy się wspólna pichci strawa
I kiedy cała rodzina
Świętowanie rozpoczyna!

Szaleństwa Panny Choinki

W lesie ciemnym i wysokim,
Gdzie ledwo widać obłoki,
Rosło drzewko zieloniutkie,
Piękne, krągłe, niemalutkie
I nudziło się okrutnie
Rano, wieczór i w południe.

„Drzewko, drzewko, co za mina?"–
Zapytała je ptaszyna.
„Czemu takie smutne stoi?"–
Wnet się zając niepokoi.

„Wy możecie kicać, latać,
Ja igłami mogę drapać.
Wy o świecie dużo wiecie
A ja tyle, co ktoś plecie.

Chciałoby się mieć przygody
I zobaczyć samochody...
Albo zmienić położenie
I zamieszkać przy akwenie…"

Ledwo słowa te wybrzmiały,
A zwierzęta oniemiały:
Wielkie auto przyjechało
I choinkę wykopało.

Do donicy wnet wsadzona
Odjechała rozmarzona,
Kawał świata pokonała,
W różnych miejscach przystawała.

Wielu się nią zachwycało
I prezenty jej wręczało,
Biżuterii pudła całe,
Świecidełka duże, małe.

Potem Święta wśród rodziny
Oraz czyjeś narodziny,
I piosenki, anegdoty,
I donica pełna wody.

„To jest życie!", pomyślała.
„Chociaż chętnie bym pospała
W ciszy, w chłodzie, bez hałasu."
Zatęskniła znów do lasu...
Dom znalazła swój w ogrodzie,
Tak jak chciała, gdzieś przy wodzie...

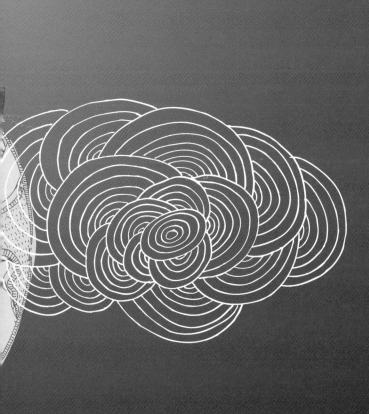

Orzech włoski i inne troski

Na choince wisi bombka,
Zaraz obok złota trąbka
I aniołek długowłosy,
Czekoladek całe stosy,
Wszyscy świecą i migocą,
Rozmawiając długo nocą.

Bombka mówi, że od rana
Wisi jakaś niewyspana.
Trąbka z dzwonkiem wciąż się kłóci,
Kto od kogo głośniej nuci.

„Mój dzwoneczku, mój ty miły" –
Trąbi trąbka z całej siły.
„Może i potrafisz dzwonić…"
„Chyba raczej dźwięki trwonić" –
Odezwały się łańcuchy.

„Czy ty jesteś jakiś głuchy?" –
Puknął w głowę się bałwanek
I potrącił mały wianek.
„Dzwonek dzwoni wyśmienicie,
Znam go dobrze całe życie."

I tak duzi, jak i mali
Cały ranek się spierali.
Po południu zaś rozmowa
Rozpoczęła się od nowa.
Z drugiej strony orzech włoski
Miał zupełnie inne troski.

„Ja przepraszam Cię, Aniele,
że zajmuję czas w niedzielę,
Lecz te bujne twoje loki
Zasłaniają mi widoki
Na pasterkę pod jemiołą,
Która śmieje się wesoło.''

„Może miejsca zamienimy?
My z Aniołem się lubimy'' –
Stary piernik wymamrotał,
Lukrowaną brodę potarł.

„Bardzo proszę, niech Pan siada'' –
Zaprosił Anioł sąsiada.
Orzech, wręcz uradowany,
Poszedł wnet do swojej damy.

A na czubku gwiazdka lśniła
I się bardzo ubawiła
Wszystkim tym, co usłyszała.
Cicho tylko powiedziała:
„Oj, chłopaki, za dni parę
w pudle zmienią się morale.''

Pan i Pani Mróz

Kiedy zima zawitała,
Białym puchem świat owiała,
Mróz się zjawił i powiedział:
„Ja tu z wami będę siedział
I nie ruszę się już stąd
Tak przynajmniej aż do świąt!”

Brwi swe zmarszczył,
chuchnął szronem,
Wszystko było ośnieżone!
Machnął ręką, śnieg poruszył,
Świat w zawiei zawieruszył!
Nagle zerwał się na nogi,
Stopniał spokój zimny, błogi...
Przetarł oczy, nie dowierzał,
Kto ku niemu prosto zmierza.

Cała bielą otulona,
Srebrnym lodem oszroniona,
Piękniejsza od polarnych zórz
Dumnie kroczy Pani Mróz!

„Panie Mrozie przepotężny,
Pan jest mroźny, ostry, mężny!
Może razem świat zmrozimy
I do wiosny porządzimy?”

Mróz ucieszył się. Wiadomo,
Lepiej rządzić razem z żoną!

19

nosa los

Płatek śniegu spadł na **nos**.

Nos pomyślał: "**Ale cios!**

Zawsze to mnie pierwszego

Spotyka **coś** najgorszego.

Najbardziej **marznę**, a nie noszę ubrania.

Od **zapachów** nie zawsze miłych jestem sprawdzania.

Szyderczo mówią: „**pocałuj mnie w nos**",

Taki to już nosa **los!**

I tylko proszę, nie jedzcie **bigosu**,

Bo nie zniosę tego ciosu."

tra llllaaa

CACKO Z DZIURKĄ

Jestem sobie cacko z dziurką,
Latam śnieżnobiałą chmurką.

Czasem śpiewam, czasem marzę.
Czasem naleśniki smażę.

Lubię błyszczeć i brylować,
Kolorami się malować.

Albo w ciszy, po kryjomu,
Siedzieć w samotności w domu.

Byle pięknie było wkoło,
Byle ciepło i wesoło.

Cacka mają to do siebie,
Że im dobrze tylko w niebie.

Tekst© by Agata Majdzik
Ilustracje© by Natalia Tomaszewska-Szalc
Opracowanie graficzne: Natalia Tomaszewska-Szalc

Redakcja: Katarzyna Kostołowska
Skład: Marcin Makarewicz

Koordynator projektu: Karolina Durczak

Copyright by Wydawnictwo OVO
55-100 Trzebnica
ul. św. Jadwigi 11A

www.wroclawovo.pl

druk i oprawa:
Oficyna Wydawnicza Readme Warszawa
Drukarnia w Łodzi

ISBN 978-83-935709-4-2

Wydanie pierwsze
Wrocław 2012

Zdziwiona wrona

List do Świętego Mikołaja

Czary Mary

Spostrzeżenia psiego lenia

PIERNICZENIE

Szaleństwa Panny Choinki

Orzech włoski i inne troski

Pan i Pani Mróz

nosa los

CACKO Z DZIURKĄ